SECONDE LETTRE

DE Mᴿ. A. J.

A M. LE COMTE ***,

PAIR DE FRANCE,

A PARIS,

Chez **DELAUNAY**, Libraire, Palais-Royal,
galeries de bois, n°. 243.

1818.

SECONDE LETTRE

DE M^r. A. J.

A M. LE COMTE ***,

PAIR DE FRANCE,

SUR

Les 280,000,000 de fr. dont la France sera encore débitrice aux puissances étrangères, à l'époque du 30 novembre 1818.

———

Paris, le 20 juillet 1818.

Je vous remercie beaucoup, M. le comte, de la lettre que vous m'avez fait l'amitié de m'écrire, le 25 juin, et je vous prie de pardonner, en faveur de mes diverses occupations, le délai que j'ai mis à y répondre. J'étais sûr que les détails que je vous ai donnés sur l'emprunt éventuel des 24 millions vous auraient surpris au point de ne pas vous permettre d'y croire.

L'article 14 de la convention, signée le 20 novembre 1815 avec les puissances étrangères, en conformité de l'article 4 du traité conclu avec elles le même jour est, de mot à mot, tel que vous me le transcrivez.

Les 7,000,000 de rentes, mis en dépôt par le gouvernement français, existent; et il est positif que les puissances étrangères se sont engagées (une fois qu'il y aurait 600,000,000 de payés, et lorsque par conséquent il ne resterait plus à leur payer qu'un reliquat de 100,000,000) à accepter ces 100,000,000 de fr. en rentes, 55 p. 100 consolidés, au cours que les rentes auraient à cette époque, pour autant du moins que ce mode de liquidation finale pût convenir au gouvernement français.

Ainsi, en ne supposant ces 7,000,000 de rentes, mis en dépôt, qu'au cours de 75 fr., ils forment effectivement une somme de 112,500,000; et la conclusion est exacte, que comme au 30 novembre 1818, la France aura payé 420,000,000 aux puissances étrangères, elle ne leur devra plus à cette époque, (abstraction faite desdits 112,500,000 fr. formant le produit supposé des 7,000,000 de rentes mis en dépôt) elle ne leur devra plus, dis-je, que 167,500,000 fr. pour se libérer envers elles de la totalité des 700,000,000 qu'elle s'était engagée à leur verser.

Ce sont là les termes d'un traité, non *éventuel*, mais *définitif* et *formel*, entre la France d'un côté, et l'Autriche, la Grande-Bretagne, la Prusse et la Russie de l'autre. Et je conviens avec vous, qu'après avoir lu et relu les deux articles ci-dessus dudit traité, je ne comprends rien au traité éventuel pour 24,000,000 de rentes, qui serait conclu avec les deux étrangers. Il y a ici *opposition manifeste*; et, si j'étais aussi loin de Paris que vous l'êtes, je ne croirais pas non plus qu'il existât.

Cependant, quand on voit le ton d'assurance avec lequel *certaines gens* disent et répètent, à qui veut l'entendre, que ce traité éventuel est décidément conclu d'une manière positive, et que c'est tant pis pour ceux qui le trouvent mauvais, on ne saurait guère douter de son existence : de façon que l'avenir seul pourra résoudre ce problème et faire cesser une contradiction aussi choquante.

Mais la tête pleine de cette triste et fâcheuse

affaire, je ne puis vous décrire le plaisir que vous me faites, en me parlant des sentimens d'honneur, de probité et de délicatesse, qui doivent distinguer essentiellement le haut commerce et la haute finance. On ne saurait me prêcher une doctrine qui me soit plus agréable, ni que j'aime plus à professer.

Et, à cette occasion, je suis charmé de pouvoir vous dire qu'il m'a été assuré que, lorsque deux des négocians de la Compagnie française avaient été, non-seulement *autorisés, mais encouragés, mais invités* à s'occuper de l'emprunt de vingt-quatre millions, on est venu leur offrir, *à condition qu'ils renonceraient à toute démarche ultérieure en faveur de la Compagnie française*, un intérêt *très-considérable* dans la Compagnie des deux étrangers, *et qu'ils n'ont pas voulu l'accepter.*

Il semble même *qu'on est revenu à la charge auprès de l'un d'eux*, celui qui est député, en lui faisant des offres *d'une nature encore plus pressante*, mais que ce nouvel appât ne l'a pas ébranlé davantage, et qu'il a persisté dans son refus *sans hésiter un instant.*

Quant à l'un des cinq banquiers dont vous parlez, il est positif qu'il a blâmé ouvertement le traité éventuel, et qu'il doit avoir écrit une lettre par laquelle il déclare ne pas vouloir accepter à un prix aussi chétif que 62 fr. au comptant les 3,000,000 de rentes qui lui sont délégués. *Mais je n'oserais affirmer qu'il ait renoncé à tout bénéfice sur cette affaire......* Je ne connais pas le contenu de sa lettre, et c'est en vain que j'ai tâché d'en avoir une copie......

L'extrait du Journal des Maires dont vous me parlez, nous prouve en effet que la rente ne pouvait que monter ; aussi, s'il est une chose qui doive nous étonner, c'est qu'elle n'ait pas monté beaucoup plus tôt.

Mais ceci ne revient-il pas à ce que je vous ai écrit : « Que sous une administration finan-» cière plus expérimentée, la rente n'eût jamais » éprouvé une aussi forte réduction, et qu'il ne » nous eût pas fallu l'assistance d'étrangers pour » nous apprendre et nous faire connaître *ce que* » *nous valions* ? » Et puis des étrangers se permettent de dire que les Français sont avantageux ! !......

Mais cette position de choses n'est pas nouvelle ; à plusieurs reprises et à plusieurs époques de notre histoire, des étrangers se sont mêlés de nos finances ; et tout le monde sait ce qui en est résulté !....

Mais, puisqu'il est question d'étrangers, j'aurais grand tort de ne pas vous en citer un, qui est d'une haute distinction : c'est M. le duc de Wellington.

Il m'a été assuré de la manière la plus positive, qu'il *a ouvertement désavoué que les puissances étrangères eussent exercé ou cherché à exercer leur influence sur les conditions de l'emprunt de vingt-quatre millions, et qu'il a formellement déclaré que, dans une affaire de cette nature, elles n'avaient rien à dire ; que pourvu que la France payât, c'était là tout ce qu'elles pouvaient lui demander.*

Il m'a été assuré de plus, qu'il a été blessé au vif du soupçon *qu'on a cherché à répandre* qu'il se serait mêlé d'une opération, et surtout d'une opération financière aussi délicate, *et aussi éminemment française.* Mais pour peu qu'on connaisse la noblesse et l'élévation de ses sentimens, son bon esprit et son excellente judiciaire, cette conduite de sa part n'a rien d'étonnant ; elle est telle que nous devions nous y attendre.

Les ambassadeurs et ministres étrangers font, dit-on, la même déclaration ; et comment ne pas y croire ?..... Au fait, quel intérêt pouvaient-ils avoir à déterminer le mode de cet emprunt ? L'intérêt *de deux négocians étrangers et de quelques-uns de leurs amis*, peut-il être mis dans la balance, quand il est question du bonheur de la France, et de la tranquillité de l'Europe ?...

Je n'ignore pas qu'on se targue du crédit des deux négocians étrangers ; il est de bonnes gens qui croient, en les nommant, avoir fait un raisonnement *ad hominem* ; et il y a là-dessus, dans la dix-neuvième livraison du Spectateur, un article qui est vraiment plaisant.

Personne ne conteste le crédit de ces négocians. Mais *chose certaine*, c'est qu'il existe en France, comme à l'étranger, nombre de maisons, bien plus anciennes, tout aussi respectables, tout aussi solides, et tout aussi accréditées en Europe, que le sont celles de ces deux banquiers. Et puis, que deviennent ces deux négocians, quand on les compare à la réunion des meilleures maisons de France ?....

D'ailleurs, de quoi est-il question ?... C'est de payer, *dans quelques mois*, aux puissances étrangères, 280 millions que la France leur devra encore au 30 novembre ; *de les leur payer au moyen d'un gage réalisable par ceux mêmes qui contractent cet engagement, et réalisable dans un très-court espace de temps !....*

Qu'on se reporte à l'emprunt des 14 millions six cent mille francs. Je ne sais *par quel motif* il avait été stipulé que, *quatre jours* après l'acceptation, chaque intéressé devait venir verser vingt pour cent, comme premier à-compte. Certes, *quatre jours*, ce n'était pas trop long ; et l'on ne saurait accuser ici le ministère des finances, d'avoir accordé trop de *facilité* pour ce premier paiement.

Mais qu'est-il arrivé ? Non-seulement l'on a mis une exactitude extrême à payer ces vingt pour cent, mais beaucoup de capitalistes qui avaient obtenu ou acheté un intérêt dans cet emprunt, en ont payé de *suite tous les termes, soit la totalité*, contre la bonification stipulée de cinq pour cent par an. Et ce qui vous étonnera encore davantage, c'est que la banque de France qui avait consacré environ 100 millions à la mesure dont vous parlez, pour payer les cinquante pour cent dudit emprunt qui doivent être versés au trésor, en juillet, août et septembre, n'a été jusqu'à présent dans le cas d'y consacrer pour ces trois mois, *qu'environ 25 millions en tout !!*....

Il est donc évident que c'est *encore une fois la place de Paris* qui fournit cet argent, quoique ce soit là pour elle, outre les vingt pour cent du premier à-compte, faisant 40 millions, un déboursé positif d'environ 75 millions, soit 115 millions ensemble!....

Cependant il s'en faut bien que ce déboursé la mette à la gêne.

Consultez le prix des bons de la caisse de service; on les recherche et en vain à cinq pour cent par an et au-dessous, en payant encore un courtage. On recherche au même taux et au-dessous et également en vain, le meilleur papier d'escompte. Il est même des capitalistes qui sollicitent pour de fortes sommes, de faire au trésor le versement de ce qui reste dû sur l'emprunt des 14 millions six cent mille francs, pourvu seulement que l'intérêt de cinq pour cent soit à leur profit. L'argent employé en reports sur la bourse de Paris, se monte à une somme colossale et que je n'oserais évaluer; elle dépasse peut-être 200 millions effectifs. Et cependant, malgré ces preuves matérielles *d'une richesse de numéraire aussi immense*, la banque étouffe en quelque sorte *sous la masse des millions qui restent dans ses coffres, en fonds oisifs et exubérans*!!....

Voilà ce qui existe à Paris.

Et si je vais dans les grandes villes de province, dans celles du midi surtout, le numéraire y est encore plus abondant; à peine y produit-il trois pour cent par an; on le refuse même à un taux aussi modique.

Et c'est dans un tel état de choses, que le même article du Spectateur a *l'urbanité* d'assimiler les membres de la compagnie française *au premier venu*, et de les traiter en hommes qui ont *plus de zèle que de moyens*, *et dont l'empressement est fort téméraire et fort irréfléchi.*

J'ignore quels sont les *moyens pécuniaires* de l'auteur de cet article; mais, à en juger par la manière dont il parle des grandes opérations de la bourse, on serait vraiment tenté d'assimiler ses *moyens pécuniaires* à ceux du *premier venu;* le bout de l'oreille passe, et l'on s'aperçoit aisément qu'il n'a pas l'habitude de manier de grandes opérations de banque, ni par lui-même, ni pour lui-même.....

Il est tranchant notre auteur, et il va jusqu'à dire « que la hausse a surpris tous ceux » qui s'occupent du commerce des rentes, et » qu'*aucune spéculation* en grand et à la » hausse n'a été faite. »

Je sais le contraire, *et je pourrais le lui prouver.* Mais ce serait chose oiseuse. Il est à la connaissance de tout le monde que, depuis deux mois, il s'y est fait de fortes opéra-

tions à la hausse ; et dans l'immensité des af-
faires de la bourse de Paris, *il y a place* pour
de fortes opérations. Les achats et ventes de
rentes qui s'y font dans l'espace d'un mois, se
montent peut-être de 25 à 30 millions de
rentes, et peut-être au-delà.

Aussi, le retard de la hausse n'est pas un
mystère ; tous les habitués de la bourse ont été
témoins des efforts *patens* et autres qui ont été
faits pour qu'elle arrivât le plus tard possible.

Cependant il est constant aux yeux de tous
ceux qui ne sont pas étrangers au commerce
de nos fonds, que la hausse progressive qu'ils
éprouvent encore tous les jours, et *que de
nouveaux efforts semblent ne pouvoir arrêter*,
devait se trouver retardée par le fait des deux
derniers emprunts, surtout par celui de 14
millions six cent mille francs, parce que bien
des capitalistes regnicoles et étrangers croyaient
en obtenir une forte somme, et différaient par
cela même les achats de fonds qu'ils ont faits
depuis.

*Mais un peu plus tôt, un peu plus tard,
cette hausse devait arriver nécessairement, et
suivre celle des fonds publics de tous les états
de l'Europe, dont les intérêts se paient régu-
lièrement.*

Les fonds de Naples n'ont-ils pas monté, dans l'espace d'une année, de 50 pour 100 à 80 pour 100 ? et assurément, ce n'a été par l'*immense crédit* de personne.

Les fonds d'Autriche n'ont-ils pas monté tout récemment de 100 p. $\frac{0}{0}$ dans l'espace de trois mois ? Et cependant un emprunt, conclu postérieurement par la cour d'Autriche, avec divers, négocians, *dont nos deux négocians étrangers font partie, n'a-t-il pas eu l'air d'avoir provoqué la baisse de quelque peu de pour cents que les fonds d'Autriche ont éprouvée depuis lors ?*

Ainsi, pour le dire en passant, le crédit de ces négocians semblerait avoir produit en Autriche, absolument l'*inverse* de l'effet et de la hausse qu'on cherche *complaisamment* à leur attribuer en France ! !...

Une autre réflexion passagère, c'est que ces mêmes négocians, en même temps qu'ils concluaient l'emprunt des 24 millions, ont payé à l'Autriche, dont les finances ne sauraient être comparées aux nôtres, et qui regorge encore de papier-monnaie, le prix de 70 $\frac{0}{0}$ pour des fonds perpétuels comme les nôtres, et qui ne donnent non plus que 5 $\frac{0}{0}$ d'intérêt.

Encore une réflexion, c'est que l'Angleterre a fait également un emprunt il y a quelques mois, et que jusqu'à présent l'*omnium* ou le bénéfice sur cet emprunt ne flotte guère que de $\frac{1}{8}$ à $\frac{1}{4}$ pour cent.

Peut-être l'Autriche et l'Angleterre ont-elles été *mal servies* dans ces deux circonstances ; et peut-être faudrait-il qu'elles fissent rendre compte *d'une aussi mauvaise gestion*, l'une à M. de Stadion, l'autre à M. Vansittart.

Mais, en vertu de ces deux exemples, notre auteur nous permettra de ne pas encore être de son opinion, lorsqu'il affirme, toujours avec le même ton d'assurance, « que chaque fois qu'un » emprunt sera fait, le cours de la rente haus- » sera. »

Toutefois, il devrait inférer de là un effet que nous attribuons à une autre cause, que *lors de la conclusion de l'emprunt de* 14,600,000 fr., *la hausse de la rente était pour ainsi dire certaine.*

Mais cette circonstance ne forme-t-elle pas le sujet de nos plaintes, comme celles de toute la France ?....

Précisément parce que la rente devait monter, il ne fallait pas se presser ; il fallait attendre. L'on en avait, comme on en a encore tout le temps.

Et puis, quelle est la considération qui puisse

disculper d'avoir, *en écartant toute concurrence,*
traité avec les étrangers à environ 62 francs au
comptant, tandis que *le même jour* on avait
fixé le prix de l'emprunt de 14,600,000 francs
à 66 fr. 50 c., payable aux termes que nous con-
naissons ; et que ce dernier cours a encore surpris tout le monde, *comme évidemment beaucoup trop bas ?.....*

Le vœu des puissances étrangères et les con-
sidérations de haute politique seraient ici un
auxiliaire merveilleux. Mais ces argumens ne
sont plus de saison et ont perdu toute leur
force.

Mais en supposant, comme je le désire, que
le traité avec les étrangers soit rompu ; et soit
que les puissances étrangères doivent accepter
au cours du jour les derniers 100 millions, soit
que cette obligation de leur part n'existe plus
(*ce que décidément je ne puis croire*) je vou-
drais qu'on essayât un emprunt comme celui
des 14,600,000 francs, en obligeant encore
une fois les intéressés à payer (si l'on veut,
quatre jours après qu'ils auraient donné leur
engagement) non 20, mais 40 pour cent. *C'est
alors qu'on verrait s'il reste de l'argent en
France.*

Ce nouvel emprunt pourrait être également

ouvert à tous les Français. Le gage de 40 pour cent suffirait pour que, mis sous la direction d'un comité formé de quelques-unes des premières maisons de Paris, et qui ne prélèverait qu'une commission de banque ordinaire, l'on eut toutes les garanties et toutes les facilités de paiement et de crédit à l'étranger, qui pourraient être nécessaires.

Il est vrai que de cette manière, personne ne gagnerait plusieurs millions à cette seule affaire, et que le nombre des intéressés serait nécessairement fort considérable.

Mais faut-il donc absolument, que quelques individus viennent à gagner plusieurs millions sur une affaire d'une nature aussi affligeante ? Et faut-il, lorsque le crédit de la France est le produit nécessaire de sa richesse, de l'industrie de ses habitans et du retour inespéré des Bourbons, que les sueurs du peuple, les sacrifices de tous les fonctionnaires publics, et les fortes contributions des propriétaires fonciers, soient *employés* de la sorte ?

Que deviendrait l'honneur ? que deviendrait la probité ? que deviendrait la profession des armes ? que deviendrait la magistrature ? que deviendraient enfin tous les liens sociaux, si, *dès lors qu'il est question de gagner beaucoup d'argent, il était permis de fermer les yeux et de laisser aller les choses ?...*

Telle, du moins, n'est ni votre façon de voir, ni la mienne. Ce n'est pas non plus celle de la généralité des Français. L'honneur est toujours et en toutes choses, leur caractère distinctif, n'importe la couleur de leur opinion. La nôtre n'est pas celle du parti qu'on nomme *libéral;* nous en sommes fort éloignés. Cependant j'aime aussi à reconnaître dans ce parti de bons Français, des gens d'honneur et de bonne foi, qui désirent comme nous le bonheur et la prospérité de la France. Du reste, fort à l'aise l'un et l'autre, nous ne demandons, vous et moi, ni places, ni intérêts dans l'emprunt; et nos désirs se bornent, pour nous et nos neveux, à pouvoir vivre en liberté, à l'abri des lois, sous le régime du monarque éclairé qui est enfin rendu à nos désirs, *et sous celui des Bourbons, ses successeurs légitimes.*

Adieu, monsieur le comte; ne doutez pas, etc.   ★★★★.

Du 23 juillet 1818.

P. S. La vingtième livraison du Spectateur, qui vient de paroître, contient encore, et du même auteur à ce qu'il paroît, un article sur les emprunts, *que le Moniteur d'aujourd'hui s'est empressé d'insérer.* Il est remarquable par sa *politesse* et sa *modération.*

En parlant de la Compagnie française, et en voulant *copier* Pascal, il pousse la *courtoisie* jusqu'à demander : *Ces gens-là sont-ils chrétiens, sont-ils Français ?*

S'ils sont tous chrétiens, c'est ce que je n'oserois affirmer; mais S. Exc. le ministre des finances pourra lui dire qu'un banquier *italien* ou autre, qui paie en France des droits de patente et de contribution, *est censé Français.*

Les sentimens de l'auteur ne semblent guère être ceux d'un chrétien, ni ceux d'un Français; et nous pourrions, à notre tour, lui demander *s'il est l'un et l'autre.*

Certes, la Compagnie française n'est pas composée de maisons toutes également riches; aussi toutes n'ont-elles pas souscrit pour la même somme. Mais on y en trouve qui sont reconnues pour avoir des fortunes colossales ; on y trouve non toutes les premières maisons de France, mais plusieurs des premières, des plus riches et des plus anciennes de la capitale, comme plusieurs fortes maisons des provinces. On y trouve de plus plusieurs députés, plusieurs régens de la Banque de France, etc. D'ailleurs, ces maisons n'ont pas eu la prétention de rester *seules* ; non qu'elles n'en aient *très-amplement* les moyens, et leurs souscriptions le prouvent, puisque l'ensemble de celles-ci va au-delà de fr. 500,000,000, argent effectif ; mais parce qu'elles veulent former une réunion véritablement nationale.

Toutefois il ne faut pas s'étonner que notre auteur ne les connaisse pas. Les noms des nombreux commis du ministère des finances doivent lui être plus familiers.

Ceci me rappelle un propos qui doit avoir été tenu par l'un des étrangers. « Mon ami et » moi, disait-il, n'avons jamais eu la préten- » tion d'être Français ; nous n'avons consulté » que notre propre intérêt ; nous n'avons cher- » ché autre chose qu'à faire, avec le gouver- » ment français, une affaire qui fût avanta- » geuse pour nous ; et ce n'est pas à nous que » les Français doivent s'en prendre.... »

Hélas ! oui, nous nous apercevons qu'ils n'ont pas eu la prétention *d'être Français.* Aussi ne pourrions-nous nous en prendre à eux que pour autant qu'on eût eu l'*extrême foiblesse* de les consulter et de suivre leurs conseils ; *mais alors, en qualité de conseils, nous nous en prendrions également à eux, et à très-bon droit.*

Lors de la fixation des indemnités que récla-maient les sujets des puissances étrangères, nos deux négocians s'étaient effectivement mê-lés de donner des conseils, en offrant 67 p. 100, payables à divers termes, des fr. 16,040,000 de rentes, qui ont été accordés pour cet objet. On assure qu'ils s'obstinaient à présenter ce prix *comme extrémement avantageux*, et qu'ils ont fait agir tous les ressorts *auxquels ils ont pu atteindre*, pour qu'on se décidât à accepter leurs offres.

Mais la majorité des commissaires liquida-teurs des puissances étrangères *n'ont pas voulu mordre à cette grossière amorce, et ont mieux protégé les intérêts de leurs compatriotes*. Aussi n'est-ce qu'après les représentations les plus formelles de leur part, que M. le duc de Wel-lington, dont la justice et le bon jugement percent en toutes choses, a fini par décider, que *le vœu des commissaires liquidateurs devait être suivi, dans une affaire qui n'était que la leur, et que les fr. 16,040,000 de rente, leur seraient transférés en nature.*

Le même prix de 67 est, comme on sait, le prix de l'emprunt des 24,000,000; et notre au-teur veut prouver que, si l'on avait pu trouver à négocier cet emprunt plus avantageusement, ce n'eût jamais été qu'avec une différence de 12,000,000 !...

Qu'on ne s'entende pas sur les mots, cela arrive souvent ; mais qu'on ne s'entende pas sur les chiffres, c'est ce qui est plus difficile à comprendre.

On assure généralement que l'emprunt éventuel de 24,000,000 a été conclu payable du 1er janvier, au 31 décembre 1819 ; et, à partir du 30 mars, cela ferait un terme commun de plus d'un an.

Mais estimons qu'il soit payable en entier le 30 mars 1819, ce qui ne ferait que dix mois de terme.

Eh bien ! comme les prêteurs ont la jouissance de la rente à partir du 22 mars 1818, il est évident qu'au 30 mars ils auront touché 5 fr. pour cent d'intérêt.

Or, 5 francs, déduits de 67 francs font nécessairement 62 francs ; et alors encore les étrangers ne débourseront rien avant le 30 mars 1819, époque à laquelle ils peuvent très-aisément avoir réalisé la totalité de l'emprunt.

Ainsi, sur 21 millions de rente (somme qui, au cours de 67, fait environ 280 millions), le prix de 62 fr. au comptant produit, avec celui d'à présent d'environ 77, une différence d'environ 63 millions. *Voilà qui est d'une évidence incontestable pour tout le monde.*

Ainsi, que signifie le calcul d'un sacrifice de 12 millions? C'est comme si je disais, *6 et 7 ne font pas 13, mais 6 et 7 font 5 !* Mais telle est en général la logique de notre auteur; ce raisonnement nous en donne la mesure....

C'est ainsi qu'il veut nous avoir fait dire que nous improuvions l'effet admirable et prodigieux que produisent les achats quotidiens de la caisse d'amortissement, parce que nous avons témoigné notre douleur, de ce que, *dès le 4 juin, elle devait déjà racheter à 73 des fonds que le 30 mai on avait lâchés à 62 !!....*

C'est ainsi qu'il nous menace *de faire retarder et de mettre en problème le départ des troupes,* comme si les négocians français qui ont offert de l'argent lui suscitaient des obstacles!!

Juste ciel! ce départ nous paraît encore trop éloigné. Qu'on le fixe pour ce mois-ci, et qu'on demande de l'argent aux Français les plus riches comme les moins opulens. On les verra accourir de tous les coins de la France, et on n'éprouvera d'autre embarras que celui de nos richesses ; on sera forcé de n'accepter qu'une portion fort minime de tout l'argent qu'ils viendront offrir !!...

P. S. P. S. A l'instant on m'assure que les né-gociations que la cour de Russie avait entamées avec nos deux négocians étrangers, pour un emprunt, ont été rompues. Je ne sais si cette nouvelle est vraie ; mais je n'en serais pas surpris : la connaissance que l'empereur Alexandre aura acquise des emprunts qui ont eu lieu en France, aura dû le rendre circonspect.